MIXTE
Papier issu de sources responsables
FSC® C022030

Loi n° 49-956 du 16 juillet 1949 sur les publications destinées
à la jeunesse, modifiée par la loi n° 2011-525 du 17 mai 2011.

ISBN : 978-2-09-255168-4
Achevé d'imprimer en septembre 2014 par Pollina, Luçon, France - L69474
N° d'éditeur : 10199262
Dépôt légal : octobre 2014

QUESTIONS RÉPONSES ! 4+

Le cirque

Texte de **Séverine Onfroy**
Illustrations d'**Olivier Latyk**

Nathan

L'arrivée du cirque

Le cirque se déplace de ville en ville. Quand la troupe arrive, elle installe ses camions sur un terrain libre. Quelle agitation !

Qu'est-ce qu'un chapiteau ?

C'est une grande tente en toile. C'est pratique : on peut le déplacer partout !

Depuis quand le cirque existe-t-il ?

Depuis l'Antiquité ! À cette époque, les Romains organisaient des courses de chars, des combats de gladiateurs et d'animaux féroces dans les arènes.

Y a-t-il des cirques qui ne se déplacent pas ?

Oui, on les appelle des « cirques d'hiver ». Ils accueillent des spectacles toute l'année.

Qui monte le chapiteau ?

Les artistes, aidés par les techniciens du cirque. Cela dure 4 heures !

Pourquoi la piste est-elle ronde ?

Pour que les spectateurs soient tout près des artistes et voient bien le spectacle.

La troupe de cirque

La troupe rassemble des artistes très différents.
Chacun a sa spécialité : certains sont très souples, d'autres très habiles, d'autres très forts…
tous doivent bien s'entraîner avant le spectacle !

Tout le monde peut-il devenir artiste de cirque ?
Oui, car il existe des écoles spéciales. On peut y apprendre le métier, même si on n'est pas né dans une famille de cirque.

Faut-il être sportif pour faire partie d'une troupe ?
Oui, il faut aimer le sport et s'entraîner beaucoup. Les numéros sont difficiles à exécuter.

Les enfants peuvent-ils faire des numéros ?

Oui, les enfants apprennent le métier avec leurs parents.

C'est quoi, un contorsionniste ?

C'est quelqu'un de très très souple, qui peut même se plier en deux pour entrer dans une boîte !

Qui est cet homme en costume rouge ?

C'est Monsieur Loyal ! Il présente les artistes avant chaque numéro. C'est souvent le directeur du cirque.

Cherche dans l'image !

Les clowns

Ces personnages colorés qui ont une drôle d'allure amusent les enfants avec leurs grimaces et leurs pirouettes… Ils ne font que des bêtises !

Les clowns sont-ils vraiment maladroits ?

Non, ils font exprès de tomber et de se cogner, mais ils ne se font jamais mal.

Tous les clowns ont-ils un nez rouge ?

Non, le clown blanc n'en a pas. Il porte un costume à paillettes et un chapeau pointu.

Comment s'habillent les clowns ?

Ils portent des vêtements très colorés, trop grands ou trop courts, sauf le clown blanc. Parfois, ils ont aussi une perruque ou un chapeau.

Pourquoi se maquillent-ils ?

Pour qu'on voie mieux les expressions de leur visage. On dirait qu'ils sourient tout le temps !

Les clowns ont-ils de très grands pieds ?

Non ! Ils ont des pieds normaux, mais ils portent des chaussures trop grandes. Cela leur donne une démarche amusante.

Les acrobates

Certains font des numéros au sol, mais d'autres, comme les trapézistes, s'élancent dans les airs, plusieurs mètres au-dessus du sol !

Les acrobates sont-ils en maillot de bain ?

Non, ils portent un justaucorps, élastique et confortable, qui ne les gêne pas dans leurs mouvements.

Les trapézistes ont-ils peur de tomber ?

Le voltigeur, qui s'élance dans les airs, et le porteur, celui qui rattrape, se connaissent bien. Ils se font confiance et cela les rassure.

C'est quoi, un funambule ?

Les funambules marchent en équilibre sur une corde. Ils font même des sauts ou des figures !

À quoi sert cette poudre blanche ?

À protéger les mains des acrobates et à les empêcher de glisser.

À quoi sert le filet ?

À rattraper les acrobates quand ils chutent pour qu'ils ne se fassent pas mal. Mais cela arrive rarement !

Le magicien

Il réalise des tours de magie avec des objets et des animaux. Quelquefois, il fait même disparaître des personnes ! Bien sûr, c'est pour de faux...

La baguette a-t-elle de vrais pouvoirs magiques ?

Non ! Elle sert à impressionner les spectateurs et à leur faire croire à la magie.

Peut-on connaître les trucs des magiciens ?

La plupart des tours sont secrets. On est émerveillé parce qu'on ne sait pas comment ils font.

Peut-on rater un tour de magie ?

Oui, si on manque d'entraînement et de concentration ! Les magiciens s'exercent très longtemps avant de réussir leurs tours.

Comment faire sortir un lapin d'un chapeau ?

Le chapeau a un double fond et le lapin est caché à l'intérieur.

Cette femme est-elle vraiment coupée en deux ?

Non ! C'est un trucage. Peut-être y a-t-il une femme pliée en deux dans chaque morceau de la boîte ?

Les dompteurs

Ils travaillent dans une grande cage avec des fauves comme des tigres, des lions ou des panthères, qu'ils font sauter dans des cercles de feu ou se dresser sur leurs pattes !

Pourquoi les fauves sont-ils en cage ?
Pour que le public soit en sécurité, car ces animaux sont dangereux.

Le dompteur parle-t-il aux animaux ?
Oui, il leur donne des ordres et leur parle souvent allemand, car cette langue a un accent qui les impressionne et qui les fait obéir.

À quoi sert le fouet ?
À impressionner les animaux et à les diriger.

Les fauves attaquent-ils le dompteur ?
Les accidents sont très rares. Le dompteur nourrit bien les fauves avant le spectacle.

Pourquoi les fauves obéissent-ils ?
Parce qu'on les récompense en leur donnant à manger.

Les chevaux

Il existe des cirques qui ne présentent que des numéros de chevaux. Les cavaliers qui font des acrobaties sur leur dos s'appellent des voltigeurs.

Cette femme risque-t-elle de tomber ?

Cela peut arriver, mais les chevaux savent bien galoper côte à côte, à la même vitesse.

Le cheval peut-il désobéir ?

En général, grâce aux répétitions, le cheval sait ce qu'il doit faire, et son cavalier et lui sont complices.

Les chevaux ont-ils mal au dos ?

Non, car ils ont un dos très musclé, et les cavaliers savent comment se placer pour ne pas leur faire mal.

Pourquoi les voltigeurs portent-ils des chaussons ?

Cela les aide à garder l'équilibre, car ces chaussons ont une bonne accroche.

Qu'est-ce que c'est, « monter en amazone » ?

C'est une figure où l'on a les deux jambes du même côté. Comme les femmes qui montaient autrefois à cheval en jupe !

La ménagerie

C’est le lieu où les animaux du cirque sont gardés
et soignés. On peut y voir toutes sortes d’animaux !

Pourquoi cet éléphant a-t-il un costume ?
Parce qu’il vient de faire son numéro.

Les artistes s’occupent-ils des animaux ?
Ils passent surtout beaucoup de temps
à les dresser. Ce sont des assistants
qui les soignent et leur donnent à manger.

Où vivent les animaux ?
Dans des remorques avec des barreaux. Elles servent à les transporter quand le cirque déménage.

Comment les fauves vont-ils jusqu'à la piste ?
Par un tunnel. Ainsi, ils ne risquent pas de s'échapper.

Peut-on visiter la ménagerie ?
Souvent, oui. Parfois, on peut même donner à manger à certains animaux.

Un drôle de matériel

Les artistes de cirque ont des équipements différents selon les numéros. Ils inventent aussi de nouveaux gadgets pour surprendre le public... Quelle imagination!

À quoi sert la grande perche de la funambule ?

C'est un balancier qui l'aide à garder l'équilibre quand elle marche sur son fil.

Quel est ce drôle de vélo à une seule roue ?

C'est un monocycle. Il faut un très bon équilibre pour ne pas tomber !

Cet homme est-il un géant ?

Non, il est perché sur des échasses. Ce sont de longs bâtons sur lesquels il pose les pieds.

Comment joue-t-on au diabolo ?

On le lance en l'air et on le rattrape sur une ficelle tendue entre deux baguettes.

Comment tient le nez du clown ?

Par un élastique qui passe derrière la tête. Parfois, il est juste pincé sur le nez !

La vie dans un cirque

Travailler dans un cirque ambulant, c'est vivre en groupe et voyager toute l'année !

Les enfants du cirque vont-ils à l'école ?

Oui, et ils changent souvent d'école, car la troupe ne reste jamais longtemps au même endroit.

Les artistes sont-ils tous de la même famille ?

Pas toujours, mais ils passent tellement de temps ensemble qu'ils forment comme une grande famille !

Où vivent les artistes ?

Dans des caravanes : c'est très pratique pour voyager !

Comment les gens du cirque gagnent-ils leur vie ?

Avec les billets achetés par les spectateurs.

Que font les artistes dans la journée ?

Ils s'entraînent pour leurs numéros et s'occupent des animaux qu'il faut dresser et faire répéter.

Les cirques chinois

Les vedettes du cirque chinois sont les acrobates. La mise en scène des numéros est très belle et très poétique.

Avec quoi les jongleurs chinois travaillent-ils ?
Ils utilisent des objets de tous les jours : de la vaisselle, des ombrelles…

Les assiettes peuvent-elles se casser ?
Oui, c'est de la véritable vaisselle. Les jongleurs en cassent beaucoup lors des entraînements !

Comment toutes ces filles tiennent-elles sur le vélo ?

Elles sont légères et agiles et ont un très bon équilibre. Mais avant d'y arriver, elles sont tombées plusieurs fois !

À quoi servent les rubans ?

À imiter les plumes du paon : ce numéro s'appelle « La roue du paon ».

Quel est ce drôle d'animal ?

Ce sont deux acrobates cachés sous un costume qui font « La Danse du lion ». C'est un numéro typique du cirque chinois.

Le sais-tu ?

Le lanceur de couteaux a-t-il de vrais couteaux ?

Oui, c'est un numéro dangereux. Quelquefois, pour rendre l'exercice encore plus impressionnant, le lanceur se bande les yeux !

Que font les clowns à l'hôpital ?

Ils viennent distraire et faire rire les enfants malades : pendant quelques heures, les enfants oublient leur maladie. Ça leur donne du courage.

Quel est le numéro le plus dangereux ?

Le numéro de soie aérienne, car les acrobates ne sont pas accrochés. Ils enroulent juste leurs bras, leurs jambes ou leur corps autour du tissu. Et la soie, ça glisse beaucoup !

Peut-on faire un spectacle de cirque sur glace ?

Oui, le plus connu est en Russie. Les numéros ont lieu sur une piste glacée, et les animaux, eux aussi, doivent apprendre à patiner !

Le cracheur de feu crache-t-il vraiment du feu ?

Non, car la flamme ne sort pas de sa bouche ! Il crache un liquide spécial sur la torche qui prend feu.

Où se trouve le plus grand cirque du monde ?

Aux États-Unis. Il peut accueillir des milliers de personnes, et plusieurs spectacles se déroulent en même temps sur des pistes différentes. Les Américains aiment beaucoup les numéros de cow-boys, comme dans les westerns.

